HOMEMADE GELATO

愛され ジェラート

ざくざく刻んで、ぐるぐる混ぜて
なめらかクリーミー

本間節子

文化出版局

はじめに

最近、手作りのジェラートを欠かせなくなりました。

ジェラートベースを作って凍らせたら、好きな時に刻んで、生クリームやヨーグルトなどの

副材料を加えてハンドミキサーやブレンダーで混ぜることで、なめらかなジェラートができるように

なったから。自分のペースで好きな時に作ることができます。

余分なものは入れずに、やさしい味わいにできるところも手作りの魅力です。

季節の果物や新鮮な牛乳、生クリーム、ヨーグルト。

まろやかなやさしい甘みの甘酒や豆乳。

濃厚でコクのあるチョコレート。

甘くて香ばしいナッツ類。

さまざまな素材から作られているジェラートは、おいしさを冷たさの中に閉じ込めて楽しむことができます。

作りたてのなめらかなジェラートのおいしさは格別ですが、ストックしたものを室温で

やわらかくしてからいただくのも、もちろんおいしい。

暑い日にはさわやかでさっぱりした果物のジェラートを、

寒い日には暖かい部屋でクリーミーなジェラートを。

手作りなら好きな時に好きなスタイルで味わい、楽しむことができます。

もちろんケーキに添えても。見た目も味も華やかになり、気持ちも上がります。

この本を手に取ってくださったみなさまが、ジェラートを身近に感じ、味わいを楽しんでもらえたらうれしいです。

本間節子

Contents

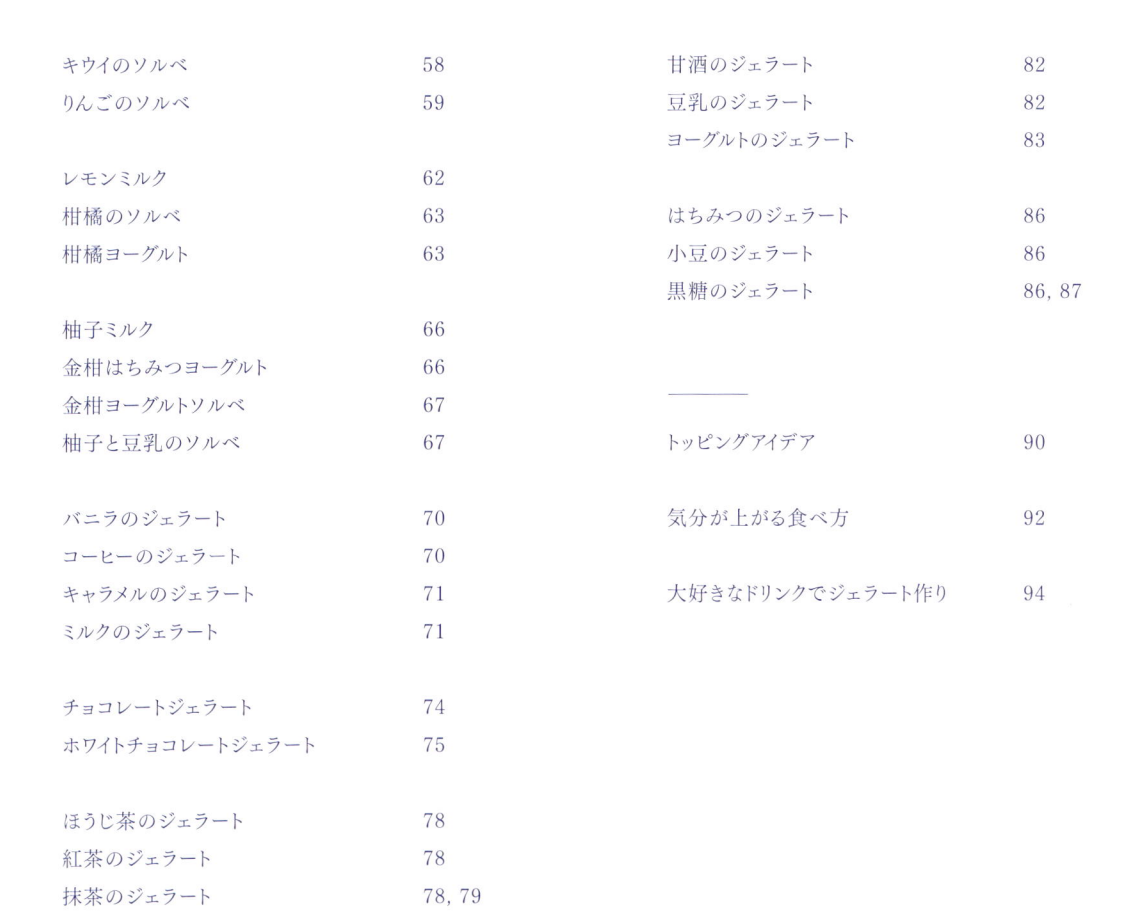
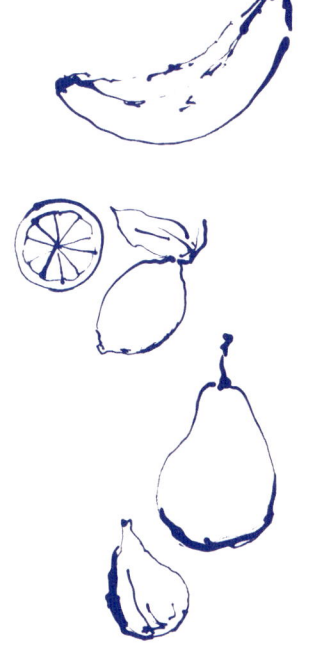

○大さじ1は15ml、小さじ1は5mlです。　○オーブンの温度、焼き上がり時間は機種により多少異なります。レシピを目安に、様子を見ながら調整してください。

愛されジェラート、おいしさの秘密

イタリア生まれのジェラートは、本来果物に砂糖や牛乳などの乳製品を加えて凍らせたものです。乳脂肪分が少なめなので、軽やかな口当たり。だから、飽きずにいくらでも食べられてしまいます。そんなジェラートを家でも簡単に作って楽しめるよう工夫した私流レシピ、そのポイントをご紹介します。

包丁で刻んで簡単に！

ジェラートはアイスクリームに比べて乳脂肪分が控えめで、空気の含有量も少ないので軽やかでありながら、密度の濃いなめらかさを味わえます。家でも簡単に失敗なくこの味を楽しめるようにと考えたのが、この作り方です。ジェラートのベースを冷やし固めたら、まな板に取り出して包丁でざくざく刻む！　力もいりません。それをブレンダー（またはハンドミキサー）で空気を含ませるように混ぜてピューレ状にしてから、再度冷やし固めます。乳製品や甘酒などを入れる場合は、包丁で刻んだベースに加えてからブレンダーで混ぜ合わせて同様に冷やし固めます。ジェラートのベースを冷凍ストックしておけば、いつでもこの方法で手軽にジェラート作りを楽しめます。

基本の作り方

ジェラートのベースを包丁で刻む

混ぜて空気を含ませる

再度、冷やし固める

乳製品や甘酒などを入れる場合

ジェラートのベースを包丁で刻む

乳製品や甘酒を加えて混ぜ合わせる

再度、冷やし固める

さっぱりソルベタイプから
クリーミーなアイスクリームタイプまで

この本では乳製品(生クリーム、プレーンヨーグルト、牛乳)や甘酒、豆乳を入れるものと、入れないレシピもご紹介しています。入れないものはさっぱりとしたソルベタイプ、乳製品や甘酒、豆乳を入れるものは量によって、アイスクリームのようにクリーミーなコクが出てきます。甘酒や豆乳は乳製品に比べ、軽やかな食感になります。

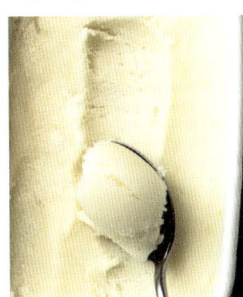

左|ソルベタイプ、右|アイスクリームタイプ

砂糖の量

砂糖の量は果物の1〜2割、ジェラートにある程度の粘り気を出す効果があります。量を減らすとなめらかさが減ってしまい、作業や盛り付けもしづらくなります。

季節の果物の甘みと酸味

果物が本来持っている自然な甘みと酸味を生かせるのもジェラートのいいところ。美しいビタミンカラーにもキュンときます。

食感でグレードアップ!

ナッツ、クランブル、メレンゲなど、なめらかなジェラートのアクセントに食感をプラスすることで、グレードアップ! p.90で作り方をご紹介しています。

そのほかの、おいしく作るコツ

- 材料はなるべく冷蔵庫であらかじめよく冷やしてから使います。
- 冷凍時間の目安は、半日〜一晩です。
- ジェラートを家庭の冷凍庫で保存すると、硬く固まってしまいます。食べる時は、冷凍庫から取り出したら、少し時間をおいてやわらかくなってからゴムベラやアイスクリームディッシャーなどで練ると、盛り付けやすく、よりなめらかな舌触りを楽しむことができます。

ジェラート作りの材料と道具 この本のジェラート作りに必要なものをご紹介します。

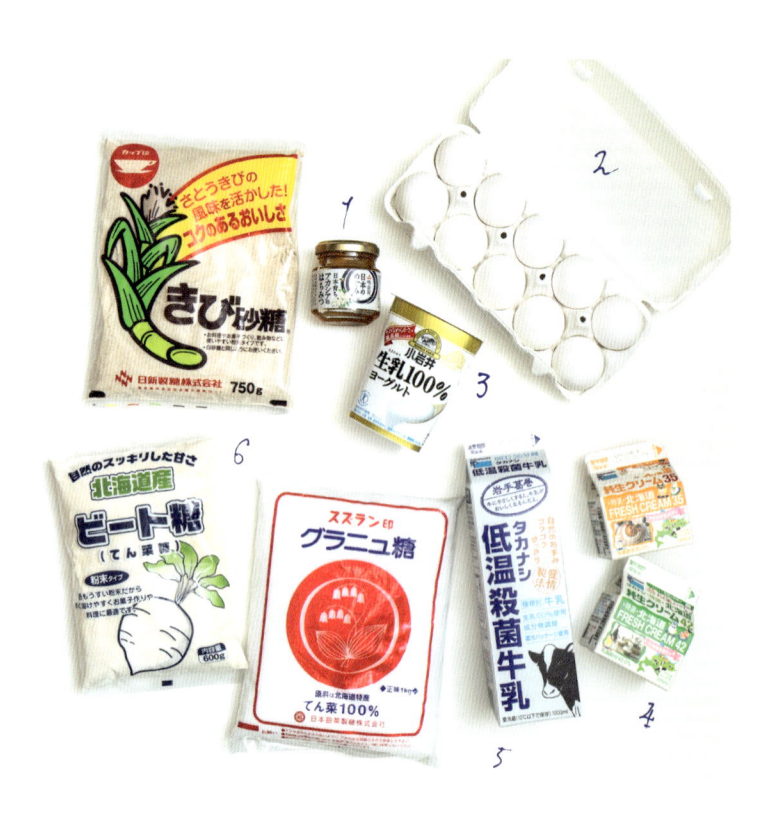

材料編

1 はちみつ
アカシアなどクセのないものがおすすめ。

2 卵
この本では卵黄20g（Mサイズ）を使用。

3 プレーンヨーグルト
甘酒同様にヨーグルトを加えることで、軽やかになり、ぐっと食べやすくなる。

4 生クリーム
乳脂肪分35〜42%のものを使用。コクの違いが出るので、お好みで。

5 牛乳
低温殺菌のものは加熱臭が少なく、生乳本来の風味が味わえる。

6 砂糖
この本ではグラニュー糖、てんさい糖（ビート糖）、きび砂糖を使用。グラニュー糖はてんさい糖に比べ溶けやすく色がつきにくい。てんさい糖はまろやかな甘さと風味、コクが特徴。きび砂糖もまろやかな甘みときび砂糖特有の風味とコクがあり、やや茶色に色づく。

道具編

1 大きめのボウル
生クリームを泡立てたり、混ぜたり。直径23㎝くらいのものがおすすめ。

2 ざる
取っ手付きが使い勝手がいい。

3 ハンドミキサー
凍ったジェラートのベースやシロップを混ぜたり、生クリームの泡立てに。

4 ふたつき保存容器
おすすめのサイズは琺瑯製で容量850ml（183×125×62㎜）。

5 ゴムベラ
耐熱性のあるシリコン製のしなやかなものを。

6 泡立て器
さっとしっかり混ぜ合わせる時に。

7 ターナー
固まったジェラートを容器からすくって取り出す際に使うと便利。

8 アイスクリームディッシャー
冷凍庫から出したジェラートを盛り付ける際に、練りながらなめらかにするにもおすすめ。

9 ブレンダー
ハンドミキサーと同じく、凍ったジェラートのベースやシロップを混ぜたり、果物をピューレ状にしたりと、大活躍の大事な道具のひとつ。

10 包丁とまな板
凍ったシロップやジェラートを刻む包丁は、写真のような小ぶりのペティナイフが扱いやすい。

11 小鍋
少量のシロップや牛乳を温めるのに。

左｜すいかソルベ　右｜すいかココナッツミルク
（作り方p.12、p.13）

かぷっと、かじるすいかもいいけど、
ひんやりジェラートやソルベはまた格別！

すいかソルベ

すいかソルベ

作り方3で取り分けた果汁を加えるのは、
水分によってブレンダーで混ぜやすくなるからです。

材料(作りやすい分量／約460g)

すいか── 正味400g

てんさい糖──60g

レモン汁──小さじ2

作り方

1　すいかは皮付きのまま山型に切り(a)、先端からすりおろす(b)。
　　ボウルにざるをのせてこし、種を取り除く(c)。

2　1にてんさい糖とレモン汁を加えてゴムベラで混ぜる。1/4量を取
　　り分けて冷蔵庫で冷やし*、残りをバットに入れふたをして、冷凍
　　庫で冷やし固める(d)。

3　2を包丁で細かく刻み(e)ボウルに入れ、2で取り分けた果汁を加
　　えて(f)ブレンダー(またはハンドミキサー)で混ぜる。バットに入
　　れふたをして、冷凍庫で冷やし固める。

*すぐに仕上げない場合は、全量をバットに入れて冷凍庫で冷やし固め、
3で仕上げる際に室温で少しおいてからブレンダーで混ぜるといい。

すいかココナッツミルク

それだけで食べてもおいしいココナッツミルクジェラートと
すいかソルベをミックス!

材料(作りやすい分量／約675g)

すいかソルベ── 460g(p.12参照)

ココナッツミルクジェラート ──215g(右記参照。仕上がりの半量)

作り方

1, 2 はすいかソルベ(p.12)の作り方と同じ。

3　2を包丁で細かく刻みボウルに入れ、2で取り分けた果汁を加え
　　てブレンダー(またはハンドミキサー)で混ぜる。

4　ココナッツミルクジェラートはボウルに入れ、カードなどでほぐす(硬
　　い場合は取り出して包丁で細かく刻む)。

5　4に3を加え、ブレンダー(またはハンドミキサー)でよく混ぜ合わせ
　　(a)、バットに入れふたをして、冷凍庫で冷やし固める。

a

ココナッツミルクジェラート

材料(作りやすい分量／約430g)

ココナッツミルクパウダー──100g

熱湯 ── 100ml

てんさい糖 ── 30g

牛乳── 100ml

生クリーム── 100ml

作り方

1　ココナッツミルクパウダーに熱湯を注ぎ、泡立て
　　器でよく混ぜて溶かす。てんさい糖を加えてさ
　　らに混ぜ合わせる。粗熱をとり牛乳を加え、バッ
　　トに入れふたをして、冷凍庫で冷やし固める。

2　ボウルに生クリームを入れてハンドミキサーで9
　　分立てにしっかりと泡立て、冷蔵庫で冷やす。

3　1を包丁で細かく刻み、2に加える。ブレンダー
　　(またはハンドミキサー)でよく混ぜ、バットに
　　入れふたをして、冷凍庫で冷やし固める。

枝豆、トマト、とうもろこし、きゅうり…
野菜嫌い克服間違いなし！

左から、枝豆ミルク、トマトのソルベ、とうもろこしのジェラート
（作り方 p.18〜p.20）

左｜きゅうりのジェラート　右｜とうもろこしとディルのジェラート（作り方 p.21）

左｜きゅうりのジェラート　右｜とうもろこしとディルのジェラート
（作り方 p.21）

トマトのソルベ
（作り方p.19）

枝豆ミルク

ヨーグルトの酸味が隠し味に。枝豆の薄皮をむいて作ることで舌触りがよく、食べやすくなります。

材料(作りやすい分量／約450g)

枝豆──250g

てんさい糖──60g

水──200ml

プレーンヨーグルト──100g

生クリーム──100ml

作り方

1　鍋にてんさい糖と水を入れて沸騰したら火を止めて冷ます。
　　枝豆はさやごと、塩適量(分量外)を入れた湯で5分ほどゆでる。

2　さやから取り出し薄皮をむく(a)。

3　1と2を合わせてブレンダーで混ぜ(b)、さらにプレーンヨーグルトを加えて混ぜ合わせ(c)、密閉袋(またはバット)に入れ(d)、冷凍庫で冷やし固める。

4　ボウルに生クリームを入れてハンドミキサーで9分立てにしっかりと泡立て、冷蔵庫で冷やす。

5　3を包丁で細かく刻み、4に加える。ブレンダー(またはハンドミキサー)でよく混ぜ、バットに入れふたをして、冷凍庫で冷やし固める。

トマトのソルベ

トマトは皮も種も丸ごとすりおろして使用。
レモンの皮がトマトの青臭さをおさえて、香りも華やかに。

材料（作りやすい分量／約500g）

トマト——2と1/2個(正味300g)　　はちみつ——20g

てんさい糖——40g　　　　　　　レモン汁——10ml

水——150ml　　　　　　　　　　レモンの皮——1/3個分

作り方

1　トマトはヘタを上にして、すりおろす(a)。

2　レモンの皮はピーラーでそぎ、てんさい糖と水と鍋に入れて(b)沸騰させる(c)。はちみつとレモン汁を加え、鍋底を冷水にあてて冷ます。

3　2のレモンの皮を取り除き、1を加えてよく混ぜ、1/4量を取り分けて冷蔵庫で冷やす*。残りをバットに入れふたをして、冷凍庫で冷やし固める。

4　3を包丁で細かく刻みボウルに入れ、3で取り分けた果汁を加えて、ブレンダー(またはハンドミキサー)でなめらかになるまで混ぜる。

*すぐに仕上げない場合は、全量をバットに入れて冷凍庫で冷やし固め、
4で仕上げる際に室温で少しおいてからブレンダーで混ぜるといい。

a

b

c

とうもろこしのジェラート

とうもろこしの自然なおいしさを丸ごと詰め込んで。
ひとつまみの塩が甘さを引き立てます。

材料(作りやすい分量／約550g)

とうもろこし(実を包丁で外す)——1/2本(正味150g)

水——350ml

てんさい糖——40g

塩——ひとつまみ

牛乳——100ml

生クリーム ——100ml

作り方

1 とうもろこしと水は鍋に入れ(a)、やわらかくなるまでゆで、アクが
出たら取る。

2 1をブレンダーでなめらかになるまで混ぜる(b)。てんさい糖と塩
を加えて混ぜ、さらに牛乳を加えて(c)混ぜ合わせ、バットに入れ
ふたをして、冷凍庫で冷やし固める。

3 ボウルに生クリームを入れてハンドミキサーで9分立てにしっかりと
泡立て、冷蔵庫で冷やす。

4 2を包丁で細かく刻む(d)。

5 3に4を加え(e)、ハンドミキサー(またはブレンダー)でよく混ぜ(f)、
バットに入れふたをして、冷凍庫で冷やし固める。

きゅうりのジェラート

ヨーグルトがきゅうりの青臭さをマイルドにします。青柚子の香りがさわやかなアクセントに。

材料(作りやすい分量／約500g)

きゅうり(5mm幅の輪切り)——2本分

てんさい糖——50g

水——200ml

はちみつ——20g

青柚子(またはすだち、かぼすなど

夏の柑橘／皮をすりおろし、果汁を搾る)——1個分

(果汁1個分10ml、皮すりおろし1個分使用)

プレーンヨーグルト——130g

作り方

1　鍋にてんさい糖と水を入れて沸騰したら火を止めて冷ます。

2　冷ました1にきゅうりとはちみつを加え、さらに青柚子の果汁と皮を加えてブレンダーで混ぜ(a)、バットに入れふたをして、冷凍庫で冷やし固める(b)。

3　2を包丁で細かく刻みボウルに入れ、プレーンヨーグルトを加え、ブレンダー(またはハンドミキサー)で混ぜる(c)。バットに入れふたをして、冷凍庫で冷やし固める。

a

b

c

とうもろこしとディルのジェラート

とうもろこしのまろやかな甘みに、すっきりとさわやかな香りを持つディルがよく合います。

材料(作りやすい分量／約450g)

とうもろこし(実を包丁で外す)——1/2本(正味150g)

水——350ml

てんさい糖——40g

塩——ひとつまみ

牛乳——100ml

プレーンヨーグルト——100g

ディル(葉)——2本分

作り方

1,2　はとうもろこしのジェラートと同じ。

3　2を包丁で細かく刻む。

4　3、プレーンヨーグルトとディルをボウルに入れ、ブレンダー(またはハンドミキサー。その場合、ディルの葉はみじん切りにして加える)で混ぜ、バットに入れふたをして、冷凍庫で冷やし固める。

いちごの三姉妹、
トッピングでおめかし。

左から、いちご＆クリームチーズ、いちごソルベ、いちごジェラート
（作り方 p.24、p.25）

いちご＆クリームチーズ

いちごのジェラートは、しっかりとした酸味があるいちごで作るのが
おいしさのポイントです。

材料（作りやすい分量／約500g）

いちご（ヘタを切る）——250g

てんさい糖——25g

クリームチーズ（室温に戻す）——80g

てんさい糖——60g

牛乳——250ml

生クリーム——80ml

いちごのシロップ——適量

コーン——適量

全粒粉のクランブル——適量（p.90 参照）

作り方

1　ボウルにクリームチーズを入れ、てんさい糖25gを加えゴムベラで混ぜ（a）、さらに牛乳を少しずつ加え、泡立て器で混ぜながら溶きのばす（b）。バットに入れふたをして、冷凍庫で冷やし固める。

2　セミドライいちごを作る。いちごは半分に切って（小さいものなら丸ごと）、ボウルに入れててんさい糖60gをまぶす（c）。2時間ほどおいて、いちごから出たシロップを小鍋に入れて軽く煮詰める。実はオーブンペーパーを敷いた天板に並べる（d）。110℃のオーブンで30分焼いたら裏返し、再び30分焼いて冷ます（e）。

3　ボウルに生クリームを入れてハンドミキサーで9分立てにしっかりと泡立て、冷蔵庫で冷やす。

4　1を包丁で細かく刻み3に加え、ブレンダー（またはハンドミキサー）でよく混ぜる。

5　4に2のセミドライいちごを加えゴムベラで混ぜ（f）、バットに入れ、2のいちごのシロップをかけ（g）、ふたをして冷凍庫で冷やし固める。コーンに盛り付けたら、全粒粉のクランブルを散らす。

いちごソルベ

なめらかな舌触りがうれしいソルベ。
いちごの味を引き立てるのは、レモンやキルシュの香り。

材料(作りやすい分量／約500g)

いちご (ヘタを切る)──300g   キルシュ──小さじ1

レモン汁──小さじ1   ホイップクリーム (無糖)──適量

てんさい糖──60g   コーン──適量

水──150ml   和三盆糖のメレンゲ (砕く)──適量 (p.91参照)

レモンの皮 (ピーラーでそぐ)──3枚

作り方

1 鍋にレモンの皮、てんさい糖と水とキルシュを入れて沸騰させる。

2 レモンの皮を取り除いた1、いちごとレモン汁をブレンダーで混ぜて(a)、ピューレ状にする。50gを取り分け冷蔵庫で冷やし*、残りをバットに入れふたをして、冷凍庫で冷やし固める。

3 2を包丁で細かく刻みボウルに入れ、2で取り分けたピューレを加え(b)、ブレンダー (またはハンドミキサー)でなめらかになるまでよく混ぜる。バットに入れふたをして、冷凍庫で冷やし固める。コーンに盛り付けたら、上にホイップクリーム、和三盆糖のメレンゲの順にのせる。

*すぐに仕上げない場合は、全量をバットに入れて冷凍庫で冷やし固め、3で仕上げる際に室温で少しおいてからブレンダーで混ぜるといい。

いちごジェラート

生クリームや牛乳を加えてクリーミーに仕上げます。
トッピングはカリカリ食感のマカロン!

材料(作りやすい分量／約450g)

いちご (ヘタを切る)──250g   生クリーム──130ml

てんさい糖──60g   コーン──適量

牛乳──50ml   マカロン (市販／砕く)──適量

作り方

1 いちごとてんさい糖をブレンダーで混ぜてピューレ状にする。牛乳を加え(a)混ぜたら、バットに入れふたをして、冷凍庫で冷やし固める。

2 ボウルに生クリームを入れてハンドミキサーで9分立てにしっかりと泡立て、冷蔵庫で冷やす。

3 1を包丁で細かく刻み2に加え、ブレンダー (またはハンドミキサー)でよく混ぜる。バットに入れふたをして、冷凍庫で冷やし固める。コーンに盛り付けたら、マカロンを散らす。

口の中から広がるハーブの清涼感。
夏の味だね。

左｜バジルミルク　右｜ミントミルク
（作り方 p.28）

左｜しょうがメープル甘酒　右｜レモングラスヨーグルト

（作り方 p.29）

バジルミルク

バジルと相性のいい牛乳を合わせて。バットの代わりに、
密閉袋に入れて平らに凍らせてもOK。

材料(作りやすい分量／約450g)

バジルの葉──15g　ビートグラニュー糖──60g
牛乳──300ml　生クリーム──100ml

作り方

1　鍋に湯を沸かし、バジルの葉をさっと湯
　　がき冷水にとり、水気を絞る。
2　1、牛乳とビートグラニュー糖をブレンダー
　　でしっかりと混ぜ、バットに入れふたをし
　　て、冷凍庫で冷やし固める。

3　ボウルに生クリームを入れてハンドミキ
　　サーで9分立てにしっかりと泡立て、冷
　　蔵庫で冷やす。

4　2を包丁で細かく刻み(a)、3に加え、ブ
　　レンダー(またはハンドミキサー)でよく
　　混ぜる(b)。バットに入れふたをして、
　　冷凍庫で冷やし固める。

ミントミルク

写真はスペアミント。ほかにもアップルミント、
ペパーミントなどお好みの香りで作ってください。

材料(作りやすい分量／約450g)

ミントの葉──15g　ビートグラニュー糖──60g
牛乳──300ml　生クリーム──100ml

作り方

1　鍋に湯を沸かし、ミントの葉をさっと湯
　　がき(a)冷水にとり、水気を絞る。
2　1、牛乳とビートグラニュー糖をブレン
　　ダーでしっかりと混ぜ(b)、密閉袋(ま
　　たはバット)に入れ、冷凍庫で冷やし固
　　める(c)。

3　ボウルに生クリームを入れてハンドミキ
　　サーで9分立てにしっかりと泡立て、冷
　　蔵庫で冷やす。

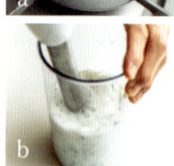

4　2を包丁で細かく刻み3に加え、ブレン
　　ダー(またはハンドミキサー)でよく混ぜる。
　　バットに入れふたをして、冷凍庫で冷や
　　し固める。

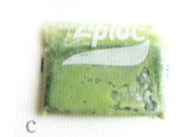

しょうがメープル甘酒

甘酒としょうがのほっとする組み合わせに、
メープルシロップのコクが隠し味。

材料(作りやすい分量／約400g)

しょうが(薄切り)——30g　　メープルシロップ——50g
しょうが(すりおろす)——10g　　甘酒(甘麹ストレートタイプ)——120ml
水——300ml　　ラム酒——10ml

作り方

1　鍋にしょうがの薄切りと水を入れて火に
かけ(a)、沸騰したら弱火で5分煮る。ボ
ウルにざるをのせてこし、メープルシロップ
としょうがのすりおろし(b)とラム酒を
加える。

2　1をバットに入れふたをして、冷凍庫で
冷やし固める。

3　2を包丁で細かく刻み、甘酒を加え、ブ
レンダー(またはハンドミキサー)でよく
混ぜる。バットに入れふたをして、冷凍
庫で冷やし固める。

レモングラスヨーグルト

レモングラスは、さわやかなレモンのような香りが
特徴のハーブ。ヨーグルトでさっぱり風味。

材料(作りやすい分量／約400g)

レモングラス——10g　　ビートグラニュー糖——60g
牛乳——300ml　　プレーンヨーグルト——100g

作り方

1　鍋にレモングラス、牛乳とビートグラニュー
糖を入れて火にかけ(a)、沸騰したら弱
火で5分煮る(b)。10分ほどおいてブレ
ンダーでざっと混ぜ(c)、ざるでこす(d)。
バットに入れふたをして、冷凍庫で冷や
し固める。

2　1を包丁で細かく刻みボウルに入れ、プ
レーンヨーグルトを加え、ブレンダー(ま
たはハンドミキサー)でよく混ぜる。バッ
トに入れふたをして、冷凍庫で冷やし
固める。

この夏は自家製の青梅のシロップ煮で、
夏バテ解消ソルベ。

青梅のシロップ煮（作り方 p.33）

梅のソルベ（作り方 p.32）

梅のソルベ

青梅の時期にぜひ作ってほしいシロップ煮。
その青梅の果肉も果汁もたっぷり使って作ります。

材料(作りやすい分量／約500g)
青梅のシロップ煮——正味120g(右記参照)
青梅のシロップ煮のシロップ——180ml(右記参照)
てんさい糖——60g
水——150ml
すだちの皮(すりおろす)——少々

作り方
1　青梅のシロップ煮の梅の種を取る(a)。
2　鍋にてんさい糖と水を入れ、ゴムベラで混ぜながら沸騰したら火を止めて冷ます。
3　青梅のシロップ煮のシロップ、1の果肉と2を合わせ、ブレンダーで混ぜる(b)。さらにすだちの皮を加えて混ぜる。
4　3をバットに入れふたをして、冷凍庫で冷やし固める。
5　4を包丁で細かく刻み、ブレンダー(またはハンドミキサー)で混ぜ、バットに入れふたをして、冷凍庫で冷やし固める。

a

b

青梅のシロップ煮

煮崩れしても、ソルベには問題なく使えます。

材料(作りやすい分量)

青梅 — 1kg

水 — 1ℓ

ビートグラニュー糖 — 500g

作り方

1 梅はていねいに洗いヘタを取り、針で一粒ずつ小さな穴をたくさんあけ、たっぷりの水に一晩つける。

2 水を捨て、鍋*に梅を入れ、梅がしっかりかぶるように水を加え、ごく弱火にかける。沸騰しないようにして(80℃を超えないように火を時々止めて調整する)、1時間ほど煮る。沸騰してしまうと皮が破れ、煮崩れてしまうので注意。そのまま一晩冷ます。

3 鍋に水とビートグラニュー糖を入れ、沸騰したら火を止めて冷ます。

4 3に2の梅を加えてシロップの中に入れて弱火で1時間ほど煮る(ここでも80℃を超えないようにごく弱火でゆっくりと)。

*梅は銅製の鍋で煮ると色が緑色になりやすく、ステンレスやほうろう製の鍋で煮ると退色するが、味は変わらない。

プラムとヨーグルトのマーブルジェラート

（作り方 p.36）

夏の訪れを告げるプラムと杏で
エレガントなデザートの時間。

左 ｜ 杏とマンゴーのソルベ　右 ｜ 杏と甘酒のマーブル
（作り方 p.37）

プラムとヨーグルトのマーブルジェラート

そのまま食べてもおいしいヨーグルトのジェラートに、
甘酸っぱいプラムのコンポートを混ぜ合わせて。

材料（作りやすい分量／約560g）

プラムのコンポート（作りやすい分量）

プラム（種を取り、一口大に切る）──8個（正味300g）

てんさい糖──40g

水──200ml

レモン汁──大さじ1

好みでキルシュ──小さじ1

プラムソース（100g使用）

プラムのコンポート──150g

てんさい糖──15g

ヨーグルトのジェラート──450g

（p.85参照。仕上がりの全量）

作り方

1　プラムのコンポートを作る。鍋にてんさい糖と水を入れて沸騰させる。プラムとレモン汁を加え、オーブンペーパーなどで落としぶたをして（a）、ごく弱火で5分煮る。キルシュを加える。

2　鍋底を冷水にあてて冷まし、容器に移して、オーブンペーパーをプラムの表面に密着させてかけ（b）、冷蔵庫で冷やす。

3　プラムソースを作る。2の実を取り出し、ブレンダーで混ぜピューレ状にする。鍋に入れ、てんさい糖を加えてとろみがつくまで煮詰め、冷やす。

4　ヨーグルトのジェラートは、ボウルに入れてカードなどで練りながらほぐす（硬い場合は取り出して包丁で細かく刻む）。バットに入れて3のプラムソースを加え、さっとゴムベラで混ぜ合わせ（c）ふたをして、冷凍庫で冷やし固める。

杏とマンゴーのソルベ

杏のコンポートは、杏 150 g、てんさい糖 50 g、水 100ml で
同様に作るとちょうどいい量です。

材料(作りやすい分量／約440g)
杏のコンポートのシロップ——180ml(下記参照)
杏のコンポート——60g(下記参照)
マンゴー——正味200g

作り方
1　マンゴーは縦に3等分に切り、皮をむく。種が入っていない部分を一口大に切り、種がある部分は包丁で種の周りの果肉をこそぎ取る。
2　1、杏のコンポートのシロップと杏のコンポートを合わせ、ブレンダーで混ぜてピューレ状にする。バットに入れふたをして、冷凍庫で冷やし固める。
3　2を包丁で細かく刻み、ブレンダー(またはハンドミキサー)で混ぜ、バットに入れてふたをして、冷凍庫で冷やし固める。

杏のコンポート

材料 (750mlのびん1個分)
杏(縦半分に切って種を取り、4等分のくし形に切る)——6〜8個(正味400g)
てんさい糖——150g、水——300ml、レモン汁——小さじ2

作り方 1　杏は耐熱びんに入れる。
2　鍋にてんさい糖と水を入れて沸騰させる。レモン汁を加え、さっと混ぜ1のびんに注ぐ。ふたを軽くのせて、蒸し器に入れて弱火で15分蒸す。ふたをきちんと閉めて、びんを逆さまにして冷まし、冷蔵庫に入れる。

杏と甘酒のマーブル

あらかじめ作っておいた甘酒のジェラートに、
とろりと煮込んだ杏のソースを軽く混ぜ合わせて。

材料(作りやすい分量／約560g)
杏のソース
杏(縦半分に切って種を取り、4等分のくし形に切る)——100g
てんさい糖——30g
レモン汁——小さじ1
甘酒のジェラート——430g(p.84参照。仕上がりの全量)

作り方
1　杏のソースを作る。杏は鍋に入れ、てんさい糖とレモン汁を加え、弱火で混ぜながら煮る。形が崩れてとろみがついたら火を止め、バットに入れふたをして、冷蔵庫で冷やす。
2　甘酒のジェラートはボウルに入れてカードなどでほぐし、1を加えてさっと混ぜ合わせ、バットに入れふたをして、冷凍庫で冷やし固める。

メロンの芳醇な香りと甘さを
そのままジェラートに。

左右｜メロン＆杏仁風ミルクジェラート　中央｜メロン＆ミントのソルベ
（作り方p.40、p.41）

メロン＆杏仁風ミルクジェラート

メロン＆杏仁風ミルクジェラート

アーモンドエッセンスの香りがきいた杏仁風ミルクジェラートに、
メロンの果肉をたっぷりと入れて。

材料(作りやすい分量／約740g)

メロン(皮をむいて種を取り除き、一口大に切る) ―― 1/4個(正味300g)

てんさい糖 ―― 40g

レモン汁 ―― 小さじ1

杏仁風ミルクジェラート ―― 400g(右記参照)

作り方

1 メロンはブレンダーで混ぜてピューレ状にする
(a)。または p.12すいかソルベの作り方と同様
にすりおろす。てんさい糖とレモン汁を加えて混
ぜ、バットに入れふたをして、冷凍庫で冷やし固
める。固まったら包丁で細かく刻む。

2 杏仁風ミルクジェラートはボウルに入れてカードな
どでほぐし(硬い場合は取り出して包丁で細か
く刻む)、1 を加える。ブレンダー(またはハンド
ミキサー)で混ぜ合わせ、バットに入れふたをし
て、冷凍庫で冷やし固める。

a

杏仁風ミルクジェラート

材料(作りやすい分量／約400g)

牛乳 ―― 300ml

てんさい糖 ―― 60g

生クリーム ―― 100ml

アーモンドエッセンス(またはアマレット) ―― 適量

作り方

1 鍋に牛乳とてんさい糖を入れて、沸騰したら弱火
で10分、全量が310mlになるまで混ぜながら、
ふたをして煮詰める。

2 鍋底を冷水にあてて粗熱をとり、バットに入れて
アーモンドエッセンスを加えふたをして、冷凍庫
で冷やし固める。

3 ボウルに生クリームを入れてハンドミキサーで9分
立てにしっかりと泡立て、冷蔵庫で冷やす。

4 2を包丁で細かく刻み、3に加える。ブレンダー(ま
たはハンドミキサー)でよく混ぜ、バットに入れふ
たをして、冷凍庫で冷やし固める。

メロン＆ミントのソルベ

きれいな色に仕上げるには、湯がいたミントにレモン汁を加え、
変色を防ぐのがポイントです。

材料(作りやすい分量／約450g)

メロン(皮をむいて種を取り除き、一口大に切る)——1/4個(正味300g)

てんさい糖——60g

レモン汁——小さじ1

ミント(やわらかい部分)——8g

水——150ml

作り方

1 鍋に水を入れて沸かし、ミントを30秒ほど湯がき(a)、冷水にとり(b)水気を拭く。湯は捨てずに、ごみなどがあればこして取り除く。

2 1の湯に、てんさい糖とレモン汁を加えて混ぜて溶かす。鍋底を冷水にあてて冷まし、1のミントを戻し入れてブレンダーで混ぜる。

3 メロンはブレンダーで混ぜる。または p.12すいかソルベの作り方と同様にすりおろす。

4 3に2を加えゴムベラで混ぜ合わせてバットに入れふたをして、冷凍庫で冷やし固める。包丁で細かく刻み、ブレンダー(またはハンドミキサー)で混ぜ、冷凍庫で冷やし固める。

ルックスも味もスイート！
幸せのピーチを召し上がれ。

桃と白ワインのソルベ
（作り方 p.44）

左｜桃とアールグレイのジェラート　右｜桃と甘酒のジェラート
（作り方 p.44、p.45）

桃と白ワインのソルベ

白ワインの風味を加えた桃のソルベは、
すっきりとするので食後のデザートにもおすすめです。

材料（作りやすい分量／約450g）

桃（縦半分に切って種を取り、4等分のくし形に切る）── 1〜1と1/2個（正味300g）

白ワイン── 100ml 、てんさい糖── 60g

作り方

1 桃は耐熱ボウルに入れ（a）、白ワインとてんさい糖を加えて、ゴムベラでさっと混ぜ、端は開けた状態でふんわりとラップフィルムをして600Wの電子レンジで4分加熱する。一度取り出して上下を混ぜ返し、再びふんわりとラップフィルムをして4分加熱する。桃に透明感が出たら加熱をやめる。

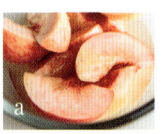
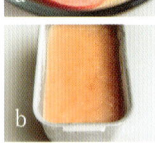

2 桃が空気に触れないようにラップフィルムを表面に密着させて冷まし、冷めたら皮をむき、冷蔵庫で冷やす。

3 2をシロップごとブレンダー（またはフードプロセッサー）で混ぜてピューレ状にし、バットに入れふたをして、冷凍庫で冷やし固める（b）。

4 3を包丁で細かく刻む（c）。ブレンダーで混ぜ（d）、バットに入れ（e）ふたをして、冷凍庫で冷やし固める。

桃と甘酒のジェラート

自然な甘みを持つ甘酒のジェラートをベースに作ります。

材料（作りやすい分量／約750g）

桃（縦半分に切って種を取り、4等分のくし形に切る）── 1〜1と1/2個（正味300g）

てんさい糖── 40g 、レモン汁── 小さじ1

キルシュ（またはフランボワーズのリキュール）── 10ml

甘酒のジェラート── 430g（p.84参照。仕上がりの全量）

作り方

1 桃は耐熱ボウルに入れ、てんさい糖とレモン汁を加えて、ゴムベラでさっと混ぜ、端は開けた状態でふんわりとラップフィルムをして600Wの電子レンジで3分加熱する。一度取り出して上下を混ぜ返し、再びふんわりとラップフィルムをして3分加熱する。桃に透明感が出たら加熱をやめる。

2 1にキルシュを加え混ぜ、桃が空気に触れないようにラップフィルムを表面に密着させて冷まし、冷めたら皮をむき、冷蔵庫で冷やす。

3 2をシロップごとブレンダー（またはフードプロセッサー）で混ぜてピューレ状にし（a）、冷蔵庫で冷やす。

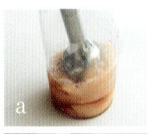

4 甘酒のジェラートはボウルに入れてカードなどでほぐし（b／硬い場合は取り出して包丁で細かく刻む）、3を加える。ブレンダー（またはハンドミキサー）で混ぜ合わせ、バットに入れふたをして、冷凍庫で冷やし固める。

桃とアールグレイのジェラート

香りのいいアールグレイのジェラートに、
甘い桃のコンポートをピューレ状にして混ぜ合わせて。

材料(作りやすい分量／約750g)

桃(縦半分に切って種を取り、4等分のくし形に切る)── 1〜1と1/2個(正味300g)

てんさい糖── 40g 、レモン汁── 小さじ1

キルシュ(またはフランボワーズのリキュール)── 10ml

ミルクティージェラート── 400 g (右記参照。仕上がりの全量)

作り方

1　桃は耐熱のボウルに入れ、てんさい糖とレモン汁を加えて、ゴムベラでさっと混ぜ、端は開けた状態でふんわりとラップフィルムをして600Wの電子レンジで3分加熱する。一度取り出し上下を混ぜ返し、再びふんわりとラップフィルムをして3分加熱する。桃に透明感が出たら加熱をやめる。

2　キルシュを加え混ぜ、桃が空気に触れないようにラップフィルムを表面に密着させて冷まし、冷めたら皮をむき、冷蔵庫で冷やす。

3　2をシロップごとブレンダー(またはフードプロセッサー)で混ぜて、冷蔵庫で冷やす。

4　ミルクティージェラートはカードなどでほぐし(硬い場合は取り出して包丁で細かく刻む)、3を加える。ハンドミキサー(またはブレンダー)で混ぜ合わせ(a)、バットに入れふたをして、冷凍庫で冷やし固める(b)。

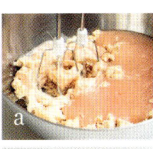

ミルクティージェラート

材料(作りやすい分量／約400g)

牛乳── 200ml

てんさい糖── 60g

プレーンヨーグルト── 50g

紅茶(アールグレイ)── 8g

熱湯── 40ml

生クリーム── 100ml

作り方

1　紅茶に熱湯を注ぎ、ふたをして2分おく。

2　鍋に牛乳とてんさい糖を入れて、沸騰したら火を止める。1を加え2分おいて、こしながらバットに入れ、粗熱をとりふたをして、冷凍庫で冷やし固める。

3　ボウルに生クリームを入れてハンドミキサーで9分立てにしっかりと泡立て、冷蔵庫で冷やす。

4　2を包丁で細かく刻み、プレーンヨーグルトと3に加え、ハンドミキサー(またはブレンダー)でよく混ぜ、バットに入れふたをして、冷凍庫で冷やし固める。

ほんのり甘いバナナと甘酒、
甘くて酸っぱいバナナとパイナップル。

甘酒バナナ
（作り方 p.48）

パインミルクジェラート

（作り方 p.49）

甘酒バナナ

甘酒とバナナのやさしい風味のジェラートは、
バナナ特有の粘りがおもしろい食感に。

材料(作りやすい分量／約450g)

甘酒のジェラート—— 430g(p.84参照。仕上がりの全量)

バナナ(細かく切る)—— 1と1/2本(正味150g)

レモン汁 —— 小さじ2

飾り用のバナナ(薄切り)—— 適量

作り方

1 甘酒のジェラートを作る。冷やし固めたものを細かく刻み(a)、ボウルに入れる。

2 バナナとレモン汁をブレンダーで混ぜる(b)。

3 1に2を加え、ブレンダー(またはハンドミキサー)で混ぜ合わせる(c)。

4 3をバットに入れ(d)ふたをして、冷凍庫で冷やし固める。器に盛り、飾り用のバナナを添える。

パインミルクジェラート

パイナップルの果肉を混ぜることで、食感も楽しく、
フレッシュな酸味が味わえます。

材料(作りやすい分量／約500g)

バナナ(薄切り)——1本 (正味130g)　　生クリーム——100ml

パイナップル——130g　　プレーンヨーグルト——50g

てんさい糖——40g　　パイナップル(細かく刻む)——80g

レモン汁——小さじ1　　セミドライパイナップル——適量(下記参照)

水——50ml

作り方

1　パイナップル130gは、ブレンダーで混ぜてピューレ状にする。80g
　　はラップフィルムで包み、冷凍する。

2　バナナ、てんさい糖とレモン汁と水を鍋に入れる(a)。弱火にかけ
　　て透明感が出るまでゴムベラで混ぜながら煮る(b)。

3　1のパイナップルのピューレに2を加え、ブレンダーで混ぜる(c)。バッ
　　トに入れ(d)ふたをして、冷凍庫で冷やし固める。

4　ボウルに生クリームを入れてハンドミキサーで9分立てにしっかりと泡
　　立て、さらにプレーンヨーグルトを加えて混ぜ合わせ、冷蔵庫で冷やす。

5　3を包丁で細かく刻み、4に加える。ブレンダーでなめらかになる
　　まで混ぜる。

6　5に1の冷凍したパイナップルを加えて(e)混ぜ、バットに入れふた
　　をして、冷凍庫で冷やし固める。器に盛り、セミドライパイナップル
　　を添える。

セミドライパイナップル

材料　パイナップル(1/2カットのものを厚さ2mmに切る)——8枚
　　　　グラニュー糖——小さじ1

作り方　パイナップルの表面にグラニュー糖をふり、110℃のオーブンで1
　　　　時間焼く。

夏の終わりに出会う
いちじく、洋梨、柿。

いちじくのソルベ
（作り方 p.52）

左｜洋梨のジェラート　右｜柿のソルベ
（作り方 p.53）

いちじくのソルベ

豊かな甘みが特徴のいちじくに、カルダモンのスパイシーで
清涼感のある風味をプラスして。

材料(作りやすい分量／約500g)

いちじく (皮をむいて、縦に4等分のくし形に切る) ── 6個 (正味300g)

てんさい糖 ── 60g　　　カルダモン ── 2粒

水 ── 150ml　　　いちじく (後混ぜ用) ── 2個 (正味80g)

レモン汁 ── 小さじ2　　　グラニュー糖 ── 小さじ2

準備　・カルダモンを割って水に入れ、冷蔵庫で一晩おくか(a)、鍋に両方を入れ
て沸騰させ冷蔵庫で冷やす。

　・後混ぜ用のいちじくは皮をむいて一口大のくし形に切り、グラニュー糖を
ふり(b)、10分ほどおいて冷凍する。

作り方

1　いちじく、てんさい糖とこしたカルダモン水とレモン汁を(c)ブレンダーで混ぜる(d)。

2　1を100g取り分け(e)、冷蔵庫で冷やす*。残りはバットに入れふたをして、冷凍庫で
冷やし固める。

3　2を包丁で細かく刻みボウルに入れ、2で取り分けたいちじく液を加え(f)、ブレンダー
(またはハンドミキサー)で混ぜ(g)、後混ぜ用のいちじくも加えてゴムベラで混ぜる(h)。
バットに入れふたをして、冷凍庫で冷やし固める。

＊すぐに仕上げない場合は、全量をバットに入れて冷凍庫で冷やし固め、
3で仕上げる際に室温で少しおいてからブレンダーで混ぜるといい。

洋梨のジェラート

香り高く芳醇な甘みを持つ洋梨でデザートのようなジェラートを。ねっとりとした食感も楽しい。

材料(作りやすい分量／約600g)

洋梨——2個(正味400g)　　生クリーム——100ml
てんさい糖——60g(洋梨の重量の15%)　　プレーンヨーグルト——50g
レモン汁——小さじ2

作り方

1　洋梨は半分に切って芯を取り(a)皮をむいて、縦に4等分に切る。耐熱ボウルに入れ、てんさい糖とレモン汁を加え(b)、端は開けた状態でふんわりとラップフィルムをして600Wの電子レンジで8分加熱する。冷まして冷蔵庫で冷やす(c)。

2　1をシロップごとブレンダーで混ぜてピューレ状にする。バットに入れふたをして、冷凍庫で冷やし固める。

3　ボウルに生クリームを入れてハンドミキサーで9分立てにしっかりと泡立て、さらにプレーンヨーグルトを加えて混ぜ合わせ冷蔵庫で冷やす。

4　2を包丁で細かく刻み、3に加える。ブレンダー(またはハンドミキサー)で混ぜる。バットに入れふたをして、冷凍庫で冷やし固める。

柿のソルベ

色鮮やかな柿のジェラート。みかんの搾り汁を加えることで、柿にはない酸味や香りをプラス。

材料(作りやすい分量／約440g)

柿(皮をむいて、一口大に切る)——1と1/2個(正味300g)
てんさい糖——40g
みかんの搾り汁——50ml
水——50ml

作り方

1　柿とてんさい糖をブレンダーで混ぜてピューレ状にする(a)。水を加えて混ぜ、バットに入れふたをして、冷凍庫で冷やし固める(b)。

2　1を包丁で細かく刻みボウルに入れ、みかんの搾り汁を加える(c)。ブレンダー(またはハンドミキサー)でよく混ぜ、バットに入れふたをして、冷凍庫で冷やし固める。

ナッツのコクがたまらなく贅沢な
大人のジェラート。

栗のジェラート
（作り方 p.56）

左｜ピスタチオのジェラート　右｜アーモンドのジェラート
（作り方 p.57）

栗のジェラート

栗の渋皮煮をシロップごとブレンダーで混ぜて作るジェラート。
卵黄も入れるのでコクが出ます。

a

b

c

材料(作りやすい分量／約450g)

栗の渋皮煮(市販) —— 180g　　てんさい糖 —— 20g

栗の渋皮煮のシロップ —— 30ml　　生クリーム —— 100ml

卵黄 —— 1個分　　好みでラム酒 —— 適量

牛乳 —— 150ml　　飾り用の栗の渋皮煮 —— 適量

作り方

1　栗の渋皮煮とシロップはブレンダーで混ぜてペースト状にする(a)。
　　または、栗の渋皮煮を裏ごししてシロップと合わせてもいい。

2　鍋に牛乳、てんさい糖と卵黄を入れて泡立て器でよく混ぜ、弱火
　　にかける。ほんのり湯気が出てうっすらとろみがつくまで、ゴムベ
　　ラで底を拭い混ぜながら加熱する。鍋底を冷水にあてて粗熱を
　　とる。

3　1に2を加えて(b)ブレンダーでしっかりと混ぜる(c)。バットに入
　　れふたをして、冷凍庫で冷やし固める。

4　ボウルに生クリームを入れてハンドミキサーで9分立てにしっかりと
　　泡立て、冷蔵庫で冷やす。

5　3を包丁で細かく刻み、4にラム酒と一緒に加える。ブレンダー(ま
　　たはハンドミキサー)で混ぜ、バットに入れふたをして、冷凍庫で
　　冷やし固める。器に盛り、飾り用の栗の渋皮煮を添える。

ピスタチオのジェラート

ピスタチオをじっくりローストしたスプレッドクリームで、
まろやかで香りのいいジェラートに。

材料(作りやすい分量／約430g)
ピスタチオのスプレッドクリーム(市販／加糖) —— 30g
卵黄 —— 1個分
牛乳 —— 250ml　　生クリーム —— 100ml
てんさい糖 —— 60g　　ローストナッツ(ピスタチオ／刻む) —— 適量(p.90参照)

作り方

1　鍋に牛乳、てんさい糖と卵黄を入れて泡立て
器でよく混ぜ、弱火にかける。ほんのり湯気が
出てうっすらとろみがつくまで、ゴムベラで底を
拭い混ぜながら加熱する。火を止め、ピスタチ
オのスプレッドクリーム(a)を加えて(b)しっかり
と混ぜ合わせる。

2　鍋底を冷水にあてて粗熱をとり、バットに入れ
ふたをして、冷凍庫で冷やし固める。

3　ボウルに生クリームを入れてハンドミキサーで9
分立てにしっかりと泡立て、冷蔵庫で冷やす。

4　2を包丁で細かく刻み、3に加える。ブレンダー
(またはハンドミキサー)で混ぜ、バットに入れ
ふたをして、冷凍庫で冷やし固める。器に盛り、
ローストピスタチオをたっぷりかける。

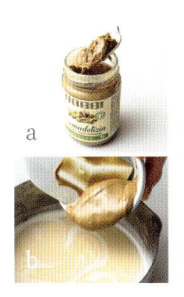

アーモンドのジェラート

アーモンドの香りや味わいを楽しむジェラートは、
ナッツのプラリネで香ばしさと食感を加えて。

材料(作りやすい分量／約400g)
アーモンドパウダー —— 50g
てんさい糖 —— 60g
水 —— 250ml
生クリーム —— 100ml
ナッツのプラリネ(アーモンド／刻む) —— 適量(p.90参照)

作り方

1　鍋にアーモンドパウダー、てんさい糖と水
を入れて混ぜながら沸騰したら火を止め
る。鍋底を氷水にあてて粗熱をとる(a)。

2　1をブレンダーでなめらかになるまでしっ
かりと混ぜ、バットに入れふたをして、冷凍庫で冷やし固める。

3　ボウルに生クリームを入れてハンドミキサーで9分立てにしっ
かりと泡立て、冷蔵庫で冷やす。

4　2を包丁で細かく刻み、3に加える。ブレンダー(またはハンド
ミキサー)で混ぜ、バットに入れふたをして、冷凍庫で冷やし
固める。器に盛り、アーモンドのプラリネをたっぷりかける。

まるで果物を食べてるみたい！
キウイとりんごのさわやかソルベ。

キウイのソルベ
（作り方p.60）

りんごのソルベ
（作り方 p.61）

キウイのソルベ

まるでキウイを食べているようなそのままの風味が楽しめます。
レモンの酸味で最後はさっぱり。

材料(作りやすい分量／約450g)

キウイ——2個

てんさい糖——50g

水——200ml

レモン汁——5ml

レモンの皮(すりおろす)——1/4個分

飾り用のキウイ(薄切り／写真はミニサイズを使用。

普通のキウイなら縦1/4に切ってから薄切り)——適量

作り方

1　キウイは皮をむいて、すりおろし(a)、200gを計量する。

2　鍋にてんさい糖と水を入れて、混ぜながら沸騰したら火を止める。

3　2に1を加えて混ぜ、さらにレモン汁とレモンの皮を加えて(b)混
　ぜ合わせる。

4　鍋底を氷水にあてて冷ましたら、50gほど取り分け冷蔵庫で冷や
　す＊。残りはバットに入れふたをして、冷凍庫で冷やし固める(c)。

5　4を包丁で細かく刻みボウルに入れ、4で取り分けたキウイ液を加
　え(d)、ブレンダーでなめらかになるまで混ぜる。バットに入れふた
　をして、冷凍庫で冷やし固める。器に盛り、飾り用のキウイを添える。

＊すぐに仕上げない場合は、全量をバットに入れて冷凍庫で冷やし固め、
5で仕上げる際に室温で少しおいてからブレンダーで混ぜるといい。

りんごのソルベ

紅玉を使うことで、より鮮やかな色や香りが出ますが、
ふじなどのほかの品種なら皮をむいて使います。

材料（作りやすい分量／約450g）

りんご（紅玉）── 1個　　はちみつ ── 15g

水 ── 200ml　　　　レモン汁 ── 10ml

てんさい糖 ── 40g

作り方

1　鍋に水、てんさい糖とはちみつを入れて火にかける。ゴムベラで
　　混ぜながら沸騰したら火を止める。

2　りんごは皮付きのまま縦に4等分に切り、芯を取り除く。すりおろし
　　器にレモン汁をかけ（a）、りんごを皮ごとすりおろし（b）200gを計
　　量する。

3　1に2を加えて（c）混ぜる。再び火にかけて（d）、ゴムベラで混ぜ
　　ながら沸騰したら火を止める。

4　鍋底を氷水にあてて粗熱をとり、50gほど取り分け冷蔵庫で冷や
　　す*。残りはバットに入れふたをして、冷凍庫で冷やし固める（e）。

5　4を包丁で細かく刻みボウルに入れ、4で取り分けたりんご液を加え、
　　ブレンダーでなめらかになるまで混ぜる。バットに入れふたをして、
　　冷凍庫で冷やし固める。

　　＊すぐに仕上げない場合は、全量をバットに入れて冷凍庫で冷やし固め、
　　5で仕上げる際に室温で少しおいてからブレンダーで混ぜるといい。

栄養たっぷりのジュースも

香り豊かな皮も丸ごと柑橘のジェラート！

レモンミルク

（作り方 p.64）

左｜柑橘のソルベ　右｜柑橘ヨーグルト
（作り方 p.65）

レモンミルク

レモンで一番香りが強い皮のすりおろしをたっぷり入れ、
ワタの苦みも生かします。大人味！

材料(作りやすい分量／約400g)
レモン──1〜2個
牛乳──300ml
生クリーム──100ml
てんさい糖──60g

作り方

1 レモンは皮をすりおろし(a)、ワタの部分はピーラーでそぐ(b)。

2 鍋に牛乳を入れ、1とてんさい糖を加えて(c)ゴムベラで混ぜながら沸騰直前に火を止める。鍋底を冷水にあてて粗熱をとる。

3 ボウルにざるをのせて2をこす(d)。バットに入れふたをして、冷凍庫で冷やし固める。

4 ボウルに生クリームを入れてハンドミキサーで9分立てにしっかりと泡立て、冷蔵庫で冷やす。

5 3を包丁で細かく刻み、4に加える。ブレンダー(またはハンドミキサー)でよく混ぜ、バットに入れふたをして、冷凍庫で冷やし固める。

柑橘のソルベ

果肉、薄皮だけではなく皮も香りづけに使うので、
柑橘を丸ごと楽しめます。おすすめは小夏。

材料(作りやすい分量／約400g)

小夏(または日向夏／皮付きのまま縦に8等分のくし形に切る)——2〜3個(果汁150ml分)

てんさい糖——60g

水——200ml

作り方

1　小夏は包丁で皮をそぎ(a)、一口大に切る。種を取り除き、薄皮ごと果肉をブレンダーにかけ(b)、150mlを計量する。

2　鍋にてんさい糖と水、1の小夏の皮を3枚入れて沸騰させる。3分ほど煮て皮を取り出し、鍋底を冷水にあてて粗熱をとる。1を加えてバットに入れふたをして、冷凍庫で冷やし固める。

3　2を包丁で細かく刻み、ブレンダー(またはハンドミキサー)でよく混ぜ、バットに入れふたをして、冷凍庫で冷やし固める。

柑橘ヨーグルト

ヨーグルトのジェラートに、小夏の果肉と薄皮の
ピューレを混ぜ合わせて。ソルベよりもマイルドな味。

材料(作りやすい分量／約600g)

小夏(または湘南ゴールド、日向夏など)——2〜3個(正味150g)

てんさい糖——25g

ヨーグルトのジェラート——450g(p.85参照。仕上がりの全量)

作り方

1　小夏は左の柑橘のソルベの作り方1を参照して、ブレンダーで混ぜてピューレ状にする。

2　1にてんさい糖を加えてブレンダーで混ぜ、バットに入れふたをして、冷凍庫で冷やし固める。固まったら包丁で細かく刻む。

3　ヨーグルトのジェラートはボウルに入れてカードなどでほぐし(硬い場合は取り出して包丁で細かく刻む)、2を加える。ブレンダー(またはハンドミキサー)でよく混ぜ合わせ、バットに入れふたをして、冷凍庫で冷やし固める。

左｜柚子ミルク　右｜金柑はちみつヨーグルト
（作り方 p.68）

香りのいい柚子と金柑で
最中ジェラートはいかが？

左｜金柑ヨーグルトソルベ　右｜柚子と豆乳のソルベ
（作り方p.69）

柚子ミルク

レモンミルク(p.64)と同様に、香りがある皮のすりおろしと
苦みのあるワタも使って作ります。

材料(作りやすい分量／約500g)

柚子(大きめ)── 1個　　生クリーム── 100ml

牛乳── 300ml　　プレーンヨーグルト── 50g

てんさい糖── 60g

作り方

1　柚子は皮をすりおろし(a)、ワタの部分は
　　ピーラーでそぐ(b)。

2　鍋に牛乳を入れ、1の柚子のワタとてんさ
　　い糖を加えて混ぜながら、沸騰直前に火
　　を止める。鍋底を冷水にあてて粗熱をとる。

3　ボウルにざるをのせて2をこす(c)。1の柚
　　子の皮を加え(d)、バットに入れふたをして、
　　冷凍庫で冷やし固める。

4　ボウルに生クリームを入れてハンドミキサー
　　で9分立てにしっかりと泡立て、プレーン
　　ヨーグルトを加えて混ぜ、冷蔵庫で冷やす。

5　3を包丁で細かく刻み、4に加える。ブレン
　　ダー(またはハンドミキサー)で混ぜ、バット
　　に入れふたをして、冷凍庫で冷やし固める。

金柑はちみつヨーグルト

ヨーグルトのアイスを作り、金柑のマリネとミックス!
金柑は質感を残したまま使います。

材料(作りやすい分量／約500g)

金柑(薄い輪切りにして、種を取り除く)── 180g　　はちみつ── 20gと15g

プレーンヨーグルト── 250g　　生クリーム── 80ml

てんさい糖── 30g

作り方

1　ボウルにプレーンヨーグルト、てんさい糖とは
　　ちみつ20gを入れてゴムベラで混ぜ、バット
　　に入れふたをして、冷凍庫で冷やし固める。

2　金柑はボウルに入れ、はちみつ15gを加え
　　て(a)和える。冷蔵庫で3時間ほどマリネ
　　する(b)。

3　ボウルに生クリームを入れてハンドミキサー
　　で9分立てにしっかりと泡立て、冷蔵庫で
　　冷やす。

4　1を包丁で細かく刻み、3に加えブレンダー
　　(またはハンドミキサー)で混ぜる。

5　4に2を加えて混ぜ(c)、バットに入れふた
　　をして、冷凍庫で冷やし固める。

金柑ヨーグルトソルベ

金柑はちみつヨーグルトと違い、こちらは金柑を
煮てピューレ状にしてからヨーグルトと合わせます。

材料(作りやすい分量／約500g)

金柑(薄い輪切りにして、種を取り除く)——200g

水——300ml

てんさい糖——60g

プレーンヨーグルト——100g

作り方

1　鍋に金柑と水を入れて弱火にかけ
　(a)、金柑に透明感が出てとろり
　とするまで煮る。

2　1をブレンダーで混ぜてピューレ状
　にし(b)、てんさい糖を加えて混ぜ、
　バットに入れふたをして、冷凍庫で
　冷やし固める。

3　2を包丁で細かく刻みボウルに入れ、
　プレーンヨーグルトを加える。ブレ
　ンダー(またはハンドミキサー)でな
　めらかになるまでよく混ぜる。バット
　に入れふたをして、冷凍庫で冷や
　し固める。

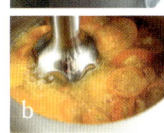

柚子と豆乳のソルベ

柚子は旬(12月〜1月ごろ)の時期以外は果汁が少ないので、
その場合は水で補ってください。

材料(作りやすい分量／約400g)

柚子——1個	水——300ml
果汁——20ml	てんさい糖——60g
薄皮——50g	豆乳——50ml

作り方

1　柚子は半分に切り(a)、果汁を搾る。種を取り除
　き、薄皮を取り出して鍋に入れる(b)。水を加え、
　弱火で薄皮がやわらかくなるまで煮る(c)。

2　1をボウルに入れ、ブレンダー(またはハンドミキサー)
　で混ぜてピューレ状にする。てんさい糖を加えて
　ブレンダーで混ぜ、ボウルの底を氷水にあてて冷
　やす。

3　2に1の果汁を加えて混ぜ、バットに入れふたをし
　て、冷凍庫で冷やし固める。

4　3を包丁で細かく刻みボウルに入れ、豆乳を加え、
　ブレンダー(またはハンドミキサー)で混ぜる(d)。

5　4をバットに入れふたをして、冷凍庫で冷やし固
　める。

いつだって食べたくなる、
永遠の愛されジェラート。

バニラのジェラート
（作り方 p.72）

コーヒーのジェラート
（作り方 p.72）

左｜キャラメルのジェラート
右｜ミルクのジェラート（作り方 p.73）

バニラのジェラート

バニラの種とさやからの自然の甘い風味が楽しめます。

材料(作りやすい分量／約450g)

グラニュー糖(またはてんさい糖)——60g

バニラビーンズ(バニラのさやに切り込みを入れて、種をしごき出す)——5cm分

牛乳——250ml

卵黄——2個分

生クリーム——100ml

ウエハース——適量

作り方

1 鍋にグラニュー糖、バニラビーンズの種とさや、牛乳を入れる。さらに卵黄を加え、泡立て器でよく混ぜ、弱火にかける。ほんのり湯気が出てうっすらとろみがつくまで、ゴムベラで底を拭い混ぜながら加熱する(a)。

2 鍋底を氷水にあてて粗熱をとり、バットに入れ(b)ふたをして、冷凍庫で冷やし固める。

3 ボウルに生クリームを入れてハンドミキサーで9分立てにしっかりと泡立て、冷蔵庫で冷やす。

4 2を包丁で細かく刻み、3に加える(c)。ハンドミキサー(またはブレンダー)でよく混ぜ、バットに入れ(d)ふたをして、冷凍庫で冷やし固める。器に盛り、ウエハースを添える。

コーヒーのジェラート

コーヒー豆は、酸味も苦みも強すぎない中挽き〜粗挽きを。

材料(作りやすい分量／約450g)

コーヒー豆(粗挽きのもの)——15g

熱湯——30ml

牛乳——250ml

卵黄——2個分

てんさい糖——60g

生クリーム——100ml

ローストナッツ(ピスタチオやくるみ／砕く)——適量(p.90参照)

作り方

1 コーヒー豆は小さいボウルに入れて熱湯を注ぎ、2〜3分おく。

2 鍋にてんさい糖、牛乳を入れる。さらに卵黄を加え、泡立て器でよく混ぜ合わせたら弱火にかける。ほんのり湯気が出てうっすらとろみがつくまで、ゴムベラで底を拭い混ぜながら加熱する。

3 2に1を加えて混ぜ(a)、ボウルに茶こし(または目の細かいこし器)をのせてこし(b)、ボウルの底を冷水にあてて粗熱をとる。

4 3をバットに入れふたをして、冷凍庫で冷やし固める。

5 ボウルに生クリームを入れてハンドミキサーで9分立てにしっかりと泡立て、冷蔵庫で冷やす。

6 4を包丁で細かく刻み、5に加える。ブレンダー(またはハンドミキサー)でよく混ぜ、バットに入れふたをして、冷凍庫で冷やし固める。器に盛り、ピスタチオやくるみを飾る。

キャラメルのジェラート

キャラメルは溶けやすいグラニュー糖を使い、煙が出るまで焦がして。

材料(作りやすい分量／約450g)

グラニュー糖——60g　　卵黄——2個分

水——小さじ1　　　　　グラニュー糖——10g

熱湯——30ml　　　　　牛乳——250ml

　　　　　　　　　　　　生クリーム——100ml

作り方

1　鍋にグラニュー糖60gと水を入れてふたをして、弱火にかける。グラニュー糖が溶けて茶色に色づいたらふたを取り、熱湯をゆっくり加えて(a)、ゴムベラで混ぜる。

2　1に牛乳を少しずつ加えて混ぜ、火を止める。温度が下がったら卵黄を加え、泡立て器で混ぜる。さらにグラニュー糖10gを加え、しっかりと混ぜ合わせたら弱火にかけ、ほんのり湯気が出てうっすらとろみがつくまで、ゴムベラで底を拭い(b)混ぜながら加熱する。

3　鍋底を冷水にあてて粗熱をとり、バットに入れふたをして、冷凍庫で冷やし固める。

4　ボウルに生クリームを入れてハンドミキサーで9分立てにしっかりと泡立て、冷蔵庫で冷やす。

5　3を包丁で細かく刻み、4に加える。ブレンダー(またはハンドミキサー)でよく混ぜ、バットに入れふたをして、冷凍庫で冷やし固める。

ミルクのジェラート

牛乳は2回に分けて加えることで、とろみがつきます。

材料(作りやすい分量／約450g)

牛乳——400ml

てんさい糖——60g

生クリーム——100ml

キャラメルソース——適量(p.91参照)

飾り用のいちじく(くし形切り)——適宜

キャラメルのジェラート——適量(左記参照)

作り方

1　鍋に牛乳半量とてんさい糖を入れ、沸騰したら弱火でゴムベラで混ぜながら10分加熱する。

2　鍋底を冷水にあてて粗熱をとる。バットに入れ、残りの牛乳を加え(a)混ぜ、ふたをして冷凍庫で冷やし固める。

3　ボウルに生クリームを入れてハンドミキサーで9分立てにしっかりと泡立て、冷蔵庫で冷やす。

4　2を包丁で細かく刻み、3に加える。ブレンダー(またはハンドミキサーで)よく混ぜ、バットに入れふたをして、冷凍庫で冷やし固める。器にキャラメルソースをのばし、キャラメルのジェラートといちじくとともに盛り付ける。

ブラック＆ホワイト、
クールでホットなチョコレート。

チョコレートジェラート
（作り方p.76）

ホワイトチョコレートジェラート
（作り方 p.77）

チョコレートジェラート

ヨーグルトを加えるので、軽やかでぐっと食べやすい
ジェラートになります。

材料(作りやすい分量／約500g)

卵黄——2個分　　　　　　生クリーム——100ml

牛乳——250ml　　　　　　プレーンヨーグルト——50g

てんさい糖——40g　　　　全粒粉のクランブル——適量 (p.90参照)

セミスイートチョコレート

(タブレット／製菓用)——60g

作り方

1　鍋にてんさい糖、牛乳と卵黄を入れて泡立て器でよく混ぜ、弱火に
かける。ほんのり湯気が出てうっすらとろみがつくまで、ゴムベラで
底を拭い混ぜながら加熱する。

2　1にチョコレートを加えて(a)泡立て器でよく混ぜて溶かす(b)。鍋
底を氷水にあてて粗熱をとり、バットに入れふたをして、冷凍庫で冷
やし固める。

3　ボウルに生クリームを入れてハンドミキサーで9分立てにしっかりと泡
立て、プレーンヨーグルトを加えて(c)、しっかりと混ぜ合わせ、冷蔵
庫で冷やす。

4　2を包丁で細かく刻み、3に加える(d)。ブレンダー(またはハンドミ
キサー)でなめらかになるまで混ぜ(e)、バットに入れふたをして、冷
凍庫で冷やし固める。器に全粒粉のクランブルとともに盛り付ける。

ホワイトチョコレートジェラート

作り方はチョコレートジェラートと同じ。
いちごのマリネで甘いチョコレートに酸味を添えて。

材料(作りやすい分量／約500g)
卵黄——2個分
牛乳——250ml
てんさい糖—— 40g
ホワイトチョコレート(タブレット／製菓用)——60g
生クリーム——100ml
プレーンヨーグルト——50g
いちごのマリネ——適量(p.91参照)

作り方
作り方はチョコレートジェラートと同じ。器に盛り付けたら、いちご
のマリネをシロップとともにたっぷりかける。

左から、ほうじ茶のジェラート、紅茶のジェラート、抹茶のジェラート
（作り方 p.80、p.81）

大好きなお茶と
ジェラートの出会い。

抹茶のジェラート

ほうじ茶のジェラート

香ばしいほうじ茶の香りに癒される味。豆乳を使うので、
後味もさっぱりとしています。

材料（作りやすい分量／約400g）

ほうじ茶の葉——15g　　きび砂糖——60g
熱湯——50ml　　生クリーム——100ml
豆乳——250ml

作り方

1　ほうじ茶の葉は、ぎゅっと手でつぶしなが
　ら小さなボウルに入れて熱湯を注ぎ（a）、
　ふたをして2分おく。

2　鍋に豆乳ときび砂糖を入れて、ゴムベラで
　混ぜながら沸騰しないようにして温め、火
　を止めて1を加えて（b）混ぜる。2分おいて、
　ボウルにざるをのせてこす（c）。

3　ボウルの底を氷水にあてて粗熱をとり、バッ
　トに入れふたをして、冷凍庫で冷やし固める。

4　ボウルに生クリームを入れてハンドミキサー
　で9分立てにしっかりと泡立て、冷蔵庫で
　冷やす。

5　3を包丁で細かく刻み、4に加える。ブレン
　ダー（またはハンドミキサー）で混ぜ、バット
　に入れふたをして、冷凍庫で冷やし固める。

紅茶のジェラート

ベルガモットの香り漂うアールグレイに、
シナモンの香りをプラスしたミルクティーのジェラート。

材料（作りやすい分量／約400g）

紅茶（アールグレイ）の葉——10g　　好みでシナモンスティック——1/2本
熱湯——50ml　　きび砂糖——60g
牛乳——250ml　　生クリーム——100ml

作り方

1　小さなボウルに紅茶の葉とシナモンスティッ
　クを割って入れ、熱湯を注ぎ（a）、ふたを
　して2分おく。

2　鍋に牛乳ときび砂糖を入れて沸騰したら
　火を止めて、1を加えて（b）混ぜる。2分お
　いて、ボウルの上で茶こし（または目の細
　かいこし器）でこす。

3　ボウルの底を氷水にあてて粗熱をとり、バッ
　トに入れふたをして、冷凍庫で冷やし固める。

4　ボウルに生クリームを入れてハンドミキサー
　で9分立てにしっかりと泡立て、冷蔵庫で
　冷やす。

5　3を包丁で細かく刻み、4に加える。ブレン
　ダー（またはハンドミキサー）で混ぜ、バット
　に入れふたをして、冷凍庫で冷やし固める。

抹茶のジェラート

抹茶はあらかじめ水で練って甘みを出しておき、
そこに牛乳や卵黄を混ぜ合わせクリーミーに。

材料（作りやすい分量／約450g）

抹茶 —— 12g

水 —— 30ml

牛乳 —— 250ml

ビートグラニュー糖 —— 60g

卵黄 —— 1個分

生クリーム —— 100ml

作り方

1　抹茶は、ボウルの上で茶こしでこし（a）、水を注ぎ泡立て器でよく混ぜる（b）。

2　鍋にビートグラニュー糖、牛乳と卵黄を入れ（c）、泡立て器でよく混ぜ、弱火に
　かける。ほんのり湯気が出てうっすらとろみがつくまで、ゴムベラで底を拭い混
　ぜながら加熱する。火を止め、1に少しずつ加えてよく混ぜ合わせる（d）。

3　ボウルの底を氷水にあてて粗熱をとり（e）、密閉袋（またはバット）に入れ（f）、
　冷凍庫で冷やし固める（g）。

4　ボウルに生クリームを入れてハンドミキサーで9分立てにしっかりと泡立て、冷蔵
　庫で冷やす。

5　3を包丁で細かく刻み、4に加える。ブレンダー（またはハンドミキサー）で混ぜ、バッ
　トに入れふたをして、冷凍庫で冷やし固める。

やさしい風味にほっ…。癒されジェラート。

左｜甘酒のジェラート　右｜豆乳のジェラート
（作り方 p.84）

ヨーグルトのジェラート

（作り方 p.85）

甘酒のジェラート

まろやかでやさしい甘さ、そしてとろみを感じるのも
甘酒ならではのジェラート。

材料（作りやすい分量／約430g）
甘酒（甘麹ストレートタイプ）──300ml
てんさい糖──30g
生クリーム──100ml

作り方

1 バットに甘酒とてんさい糖を入れてゴムベラでよく混ぜ合わせ（a）、
ふたをして冷凍庫で冷やし固める。

2 ボウルに生クリームを入れてハンドミキサーで9分立てにしっかり
と泡立て、冷蔵庫で冷やす。

3 1を包丁で細かく刻み、2に加える。ブレンダー（またはハンドミキ
サー）でよく混ぜ、バットに入れふたをして、冷凍庫で冷やし固める。

豆乳のジェラート

牛乳よりもさらりとした飲み心地の豆乳で作るジェラートは、
さっぱりとした仕上がりに。

材料（作りやすい分量／約420g）
豆乳──250ml　　　　生クリーム──125ml
てんさい糖──60g　　レモンの皮（すりおろす）──適量

作り方

1 バットに豆乳とてんさい糖を入れてゴムベラでよく混ぜ合わせ（a）、
ふたをして冷凍庫で冷やし固める。

2 ボウルに生クリームを入れてハンドミキサーで9分立てにしっかりと
泡立て、冷蔵庫で冷やす。

3 1を包丁で細かく刻み、2に加える。ブレンダー（またはハンドミキ
サー）でよく混ぜ、バットに入れふたをして、冷凍庫で冷やし固める。
器に盛って、レモンの皮を散らす。

ヨーグルトのジェラート

ヨーグルトは生クリームよりも軽やかで、
まろやかな食感と風味のジェラートになるのが特徴。

材料(作りやすい分量／約450g)

プレーンヨーグルト──300g　　生クリーム──100ml

てんさい糖──40g　　　　　　ぶどう──適量

はちみつ──20g

作り方

1　バットにプレーンヨーグルト、てんさい糖とはちみつを入れてゴムベラでよく混ぜ合わせ(a)、ふたをして冷凍庫で冷やし固める。

2　ボウルに生クリームを入れてハンドミキサーで9分立てにしっかりと泡立て、冷蔵庫で冷やす。

3　1を包丁で細かく刻み、2に加える。ブレンダー(またはハンドミキサー)でよく混ぜ、バットに入れふたをして、冷凍庫で冷やし固める。器に盛って、ぶどうを添える。

左から、はちみつのジェラート、小豆のジェラート、黒糖のジェラート
（作り方 p.88、p.89）

どこか懐かしく、ほっとする
はちみつ、小豆、黒糖の味。

黒糖のジェラート

はちみつのジェラート

やさしい卵味のジェラート。はちみつは癖の少ない
アカシアなどがおすすめです。

材料（作りやすい分量／約500g）

はちみつ——50g　　　生クリーム——100ml

てんさい糖——10g　　プレーンヨーグルト——50g

牛乳——250ml　　　キャラメル風味の洋梨のソテー——適量（下記参照）

卵黄——2個分

作り方

1　鍋にてんさい糖、牛乳、卵黄、はちみつを入れて（a）泡立て器でよく混ぜ、弱火にかける。ほんの
　　り湯気が出てうっすらとろみがつくまで、ゴムベラで底を拭い混ぜながら加熱する（b）。

2　鍋底を冷水にあてて粗熱をとり、バットに入れふたをして、冷凍庫で冷やし固める（c）。

3　ボウルに生クリームを入れてハンドミキサーで9分立てにしっかりと泡立て、プレーンヨーグルトを加
　　えてしっかりと混ぜ合わせ、冷蔵庫で冷やす。

4　2を包丁で細かく刻み、3に加える。ブレンダー（またはハンドミキサー）でよく混ぜ、バットに入れふ
　　たをして、冷凍庫で冷やし固める。器に盛り付け、洋梨のソテーを添える。

> ### キャラメル風味の洋梨のソテー
>
> **材料**　洋梨（皮をむいて、縦に8等分に切る）——1個、てんさい糖——大さじ1、無塩バター——5g
>
> **作り方**　フライパンに無塩バターを入れ、中火にかける。洋梨とてんさい糖を加え、
> 　　　　　焼き色がつくまでフライパンを揺すりながら炒める。

小豆のジェラート

市販のあんこを使用する場合は、
てんさい糖の量を加減して甘さを調節してください。

材料(作りやすい分量／約500g)

大納言小豆──75g　　　　生クリーム──100ml

てんさい糖──90g　　　　小豆のソース──適量

甘酒(甘麹ストレートタイプ)──100ml

作り方

1　大納言小豆は水で洗い鍋に入れ、小豆の2cm上まで水を加えて強火でゆでる。沸騰したら火を止めてざるにあけて鍋に戻し、水250mlを加えて弱火にかける。沸騰したら水50mlを加えて弱火にかける、これを3回繰り返したら、さらに弱火で1時間ほどゆでる。てんさい糖を加え、よく混ぜ冷ます。

2　1/3をソース用に取り分け、残りをブレンダー(またはハンドミキサー)で混ぜてピューレ状にし(a)、300gに満たなければ湯を足し、混ぜる。

3　2に甘酒を加えて混ぜ、バットに入れふたをして、冷凍庫で冷やし固める(b)。

4　ボウルに生クリームを入れてハンドミキサーで9分立てにしっかりと泡立て、冷蔵庫で冷やす。

5　3を包丁で細かく刻み、4に加える。ブレンダー(またはハンドミキサー)で混ぜ、バットに入れふたをして、冷凍庫で冷やし固める。

6　小豆のソースを作る。2で取り分けた小豆を好みの硬さになるまで湯を加えてのばす。器に盛った小豆のジェラートに添える。

黒糖のジェラート

一般的な黒糖よりも癖が少ないマスコバド糖で。

材料(作りやすい分量／約450g)

牛乳──350ml

黒糖(マスコバド糖)──60g

生クリーム──100ml

プレーンヨーグルト──50g

ココナッツグラノーラ──適量 (p.90参照)

作り方

1　鍋に牛乳300mlと黒糖を入れて(a)沸騰したら弱火にして時々混ぜながら10分加熱する(b)。

2　1に残りの牛乳を加え、鍋底を氷水にあてて粗熱をとり、バットに入れふたをして、冷凍庫で冷やし固める。

3　ボウルに生クリームを入れてハンドミキサーで9分立てにしっかりと泡立て、プレーンヨーグルトを加えてしっかりと混ぜ合わせ、冷蔵庫で冷やす。

4　2を包丁で細かく刻み、3に加える。ブレンダー(またはハンドミキサー)で混ぜ、冷凍庫で冷やし固める。器にココナッツグラノーラを入れ、ジェラートを盛り付け、黒糖少々(分量外)を散らす。

トッピングアイデア

ナッツやクランブルのカリカリの食感、
キャラメルやいちご、チョコレートソースなどの香りをプラスして、
もっとジェラートをおいしく、楽しく。

全粒粉のクランブル

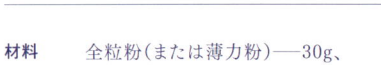

材料　全粒粉（または薄力粉）——30g、
　　　アーモンドパウダー——25g、てんさい糖（またはきび砂糖）——25g、
　　　無塩バター——40g、塩——ひとつまみ

作り方　ボウルに無塩バター以外の材料をふるう。冷たいバターを加え、手
　　　でつぶしながら馴染ませる。ポロポロの状態になったらオーブンペー
　　　パーを敷いた天板に広げ、160℃に予熱したオーブンで16分焼く。
　　　焼く前の生地の状態で保存袋に入れて、冷凍保存1ヶ月可能。

ナッツのプラリネ

材料　ナッツ（アーモンドや好みのナッツ）——75g、
　　　ビートグラニュー糖——30g、水——大さじ1、無塩バター——5g

作り方　鍋にビートグラニュー糖、水とナッツを入れ、
　　　中火にかける。全部がからんで沸騰してき
　　　たら無塩バターを加え、弱火にしてゴムベラ
　　　で混ぜる。ビートグラニュー糖が溶けた後に

　　　白っぽく固まるが、そのまま混ぜ続けると溶け始め、キャラメル色にな
　　　りツヤが出たら火を止める。オーブンペーパーを敷いたバットに広げ
　　　て冷ます(a)。

ココナッツグラノーラ

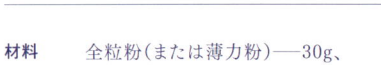

材料　豆乳——20ml、てんさい糖——20g、米油——20g、
　　　米粉——10g、オートミール——70g、ココナッツファイン——30g

作り方　ボウルに豆乳、てんさい糖、米油、米粉の順に入れ、泡立て器で
　　　混ぜる。オートミールとココナッツファインを加えてゴムベラで混ぜ、
　　　オーブンペーパーを敷いた天板に広げ、150℃に予熱したオーブン
　　　で15分焼く。上下を返してさらに15分焼く。

ローストナッツ

材料　ピスタチオやくるみ——適量

作り方　天板にオーブンペーパーを敷き、ナッツを並べ160℃に予熱したオー
　　　ブンで、ピスタチオは5分ほど、くるみは10分ほど焼く。水分が飛ん
　　　で食感も香りもよくなる。

いちごのマリネ

材料 いちご——100g、ビートグラニュー糖——20g、
レモン汁——小さじ1

作り方 いちごは洗って水気を拭き取り、ヘタを切る。縦に6等分に切り容
器に入れ、ビートグラニュー糖とレモン汁を加えて和える。1時間ほ
どおいて、ビートグラニュー糖が溶けたら冷蔵庫で冷やす。

キャラメルソース

材料 ビートグラニュー糖——80g、水——小さじ1、
生クリーム——100ml

作り方
1 鍋にビートグラニュー糖と水を入れ、ふたをして弱火にかける。
ビートグラニュー糖が溶けて茶色に色づいたら(a)火を止める。
2 1に生クリームを少しずつ加えて(b)馴染ませる。ゴムベラでしっ
かりと混ぜる(c)。

チョコレートソース

材料 セミスイートチョコレート
(タブレット／製菓用)——60g、牛乳——45ml

作り方 小鍋に牛乳を入れて火にかけ、沸騰直前に火を
止める。チョコレートを加え、ゴムベラで混ぜて溶
かす。食べる時は湯せんにかけて軽く温め混ぜると、
とろとろになる。

和三盆糖のメレンゲ

材料 和三盆糖——50g、卵白——40g

作り方
1 メレンゲを作る。ボウルに卵白を入れて和三盆糖を少し(小さじ1
くらい)加え、ハンドミキサーの低速で泡立てる。
2 ふんわりとして白っぽくなってきたら残りの和三盆糖を3回に分
けて加え、高速で泡立てる。
3 再び低速にしてキメを整える。
4 3を丸(または星)口金(8号)を付けた絞り袋に入れる。天板に
オーブンペーパーを敷き(天板に生地を数カ所に塗り固定する)、
好みの大きさや形に絞る(ここでは棒状)。
5 120℃に予熱したオーブンで1時間焼く。

せっかく作ったジェラート、
いろいろな食べ方で楽しみましょう。

憧れのサンデー
ステムのあるグラスにコーヒーゼリー、2種類のジェラート(ここでは、
キャラメルと、バニラ)を盛り合わせ、泡立てた生クリームをスプーンで盛り付けて。
トッピングはチョコレートソースに、ココナッツグラノーラ。至福。

ジェラートバー

市販のアイスキャンデー型で冷やし固めて。
いつでも冷凍庫にある冷たいおやつ、最高です。

好きなだけはさんで、クッキーサンド

お好みのクッキーでサンド！ ナッツのジェラート(p.54、p.55)なので、
砕いたナッツもトッピング。

大好きなドリンクでジェラート作り

市販のドリンクで簡単ジェラートを。
それぞれのドリンクに合わせたシロップを加えて風味をプラスするのが、おいしさの秘密！

左｜コアントロー風味の甘夏ジュースのジェラート

右｜紅茶風味のコーラジェラート

左｜ほうじ茶風味のジンジャーエールジェラート

右｜バタフライピーのソーダジェラート

作り方

1　甘夏（柑橘）ジュース、コーラ、ジンジャーエール、ソーダはそれぞれ350mlを密閉袋に注ぎ、バットにのせて平らにして(a)、6時間ほど冷凍庫で冷やし固める。

2　1の袋の口を開けてまな板などの上にのせ、めん棒でたたいて細かくし(b)、中身をボウルに入れる。

3　2にシロップ（下記参照）、または同じ飲み物50mlを加え(c)、ブレンダー（またはハンドミキサー）で混ぜ(d)、器に盛る。ハーブやスパイス、レモンなどをトッピングして完成！　残りはバットに入れふたをして、冷凍庫で保存する。

シロップの作り方

コアントローシロップ	鍋に水50mlとグラニュー糖20gを入れ、火にかけて沸かす。コアントロー5mlを加えて混ぜ、冷やす。グラスに盛って、ローズマリーを添える。
紅茶シロップ	紅茶3gに熱湯70mlを注ぎ、ふたをして3分おく。茶こしでこして砂糖10gを入れて混ぜ、冷やす。グラスに盛って、シナモンスティックを添える。
ほうじ茶シロップ	ほうじ茶5gに熱湯80mlを注ぎ、ふたをして3分おく。茶こしでこして砂糖10gを入れて混ぜ、冷やす。グラスに盛って、ミントを添える。
バタフライピー（ハーブ）シロップ	バタフライピー2gに熱湯80mlを注ぎ(e)、ふたをして3分おき、茶こしでこして冷やす。グラスに盛って、レモンを添える。レモンを絞るとピンク色に変色するのも楽しい。

デザイン	岡崎由佳
撮影	安彦幸枝
イラスト	三宅瑠人
校閲	藤吉優子
編集	鈴木百合子（文化出版局）

クロス類協力

アクセル ジャパン　電話 03-3382-1760

愛されジェラート
ざくざく刻んで、ぐるぐる混ぜてなめらかクリーミー

2025 年 5 月 3 日　第 1 刷発行

著者	本間節子
発行者	清木孝悦
発行所	学校法人文化学園　文化出版局
	〒 151-8524
	東京都渋谷区代々木 3-22-1
	電話 03-3299-2479（編集）
	03-3299-2540（営業）
印刷・製本所	株式会社文化カラー印刷

文化出版局のホームページ　https://books.bunka.ac.jp